Eva Hauck Claudia Huboi

Kinder-Werkstatt

Sticken, Nähen, Weben

Haupt
GESTALTEN

Eva Hauck • Claudia Huboi

Kinder Werkstatt

Sticken, Nähen, Weben

Haupt Verlag

INHALT

fädeln

verzieren

weben

knüpfen

verbinden

flechten

sticken

spannen

nähen

VIEL SPASS

STICKEN

STICKEN ... VON HAND

Beim Sticken werden Stoffoberflächen durch verschiedene, zum Teil sehr kunstfertige Stiche mit dickerem Garn verziert. Es gibt viele spezielle Stick- oder Zierstiche. Aber auch mit einfachen Handstichen wie Vor- und Rückstich (siehe Seite 34) lassen sich Stoffe wunderbar besticken. Du brauchst nur Stickgarne in verschiedenen Farben und eine spitze Sticknadel.

Sticknadeln sind länger als normale Nähnadeln und haben ein größeres Nadelöhr, damit das Stickgarn bequem hindurchpasst.

Mit Rück- und Vorstichen kannst du ...

- ... Linien sticken, in einer oder mehreren Farben,
- ... Einzelstiche ungeordnet neben- und übereinandersetzen,
- ... Linien sich überschneiden lassen,
- kreuz und quer,
- ... Kurven und Schlaufen sticken,
- oder Zacken,
- ... ganze Bilder malen.

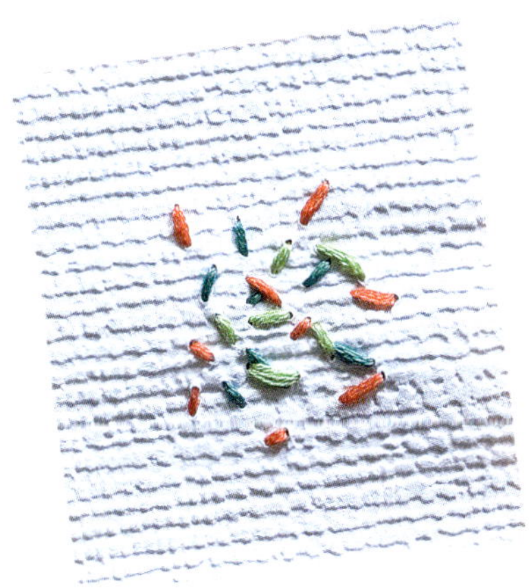

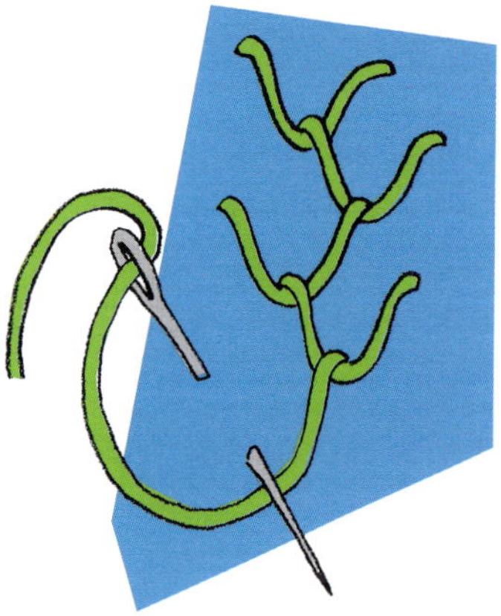

FEDERSTICH: Du stickst von oben nach unten. Den Faden legst du unter die Nadelspitze, ziehst die Nadel hindurch und bildest dabei eine Schlaufe.

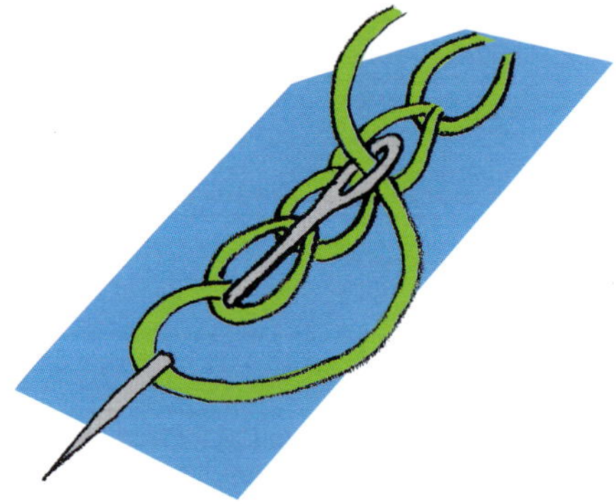

KETTENSTICH: Beim Kettenstich legst du den Faden unter der Nadelspitze zu einer Schlaufe, bevor du die Nadel hindurchführst. Kettenstiche kannst du auch einzeln sticken, zum Beispiel in Blütenform.

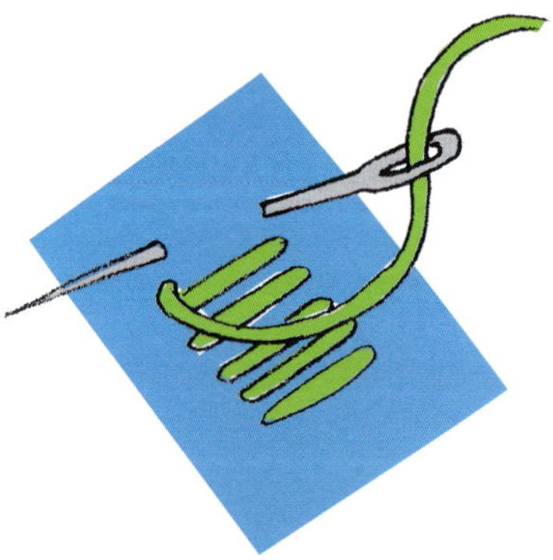

SPANNSTICH:
Der Stich lässt sich einzeln oder zu einer Fläche arbeiten.

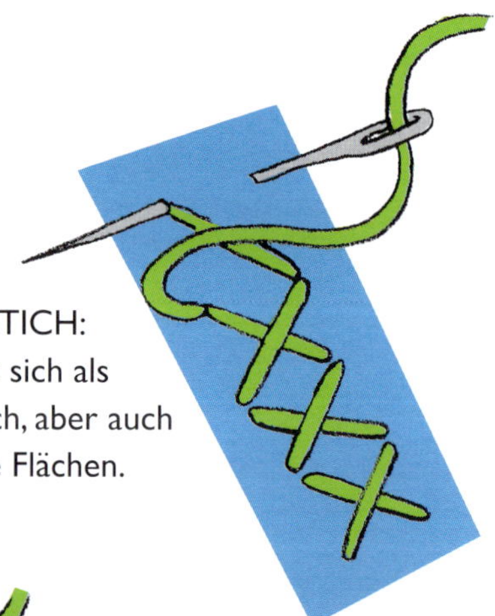

KREUZSTICH:
Er eignet sich als Einzelstich, aber auch für ganze Flächen.

ZICKZACKSTICH: Du kannst ihn unterschiedlich hoch und breit sticken.

... MIT ZIERSTICHEN

PEKINGSTICH: Erkannt? Beim Pekingstich wird eine Rückstich-Reihe (siehe Seite 34) einfach mit einem zweiten Faden umschlungen. Das kannst du ebenso mit einer Vorstich-Reihe machen.

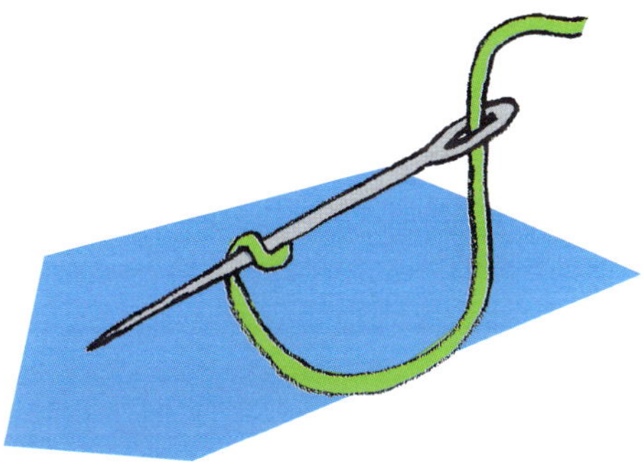

FRANZÖSISCHE KNOTEN: Den Faden wickelst du einmal um die Nadel und stichst dicht neben dem Ausgangspunkt wieder ein.

RAUPENSTICH: So werden Unterlegfäden dicht an dicht umstickt ...,

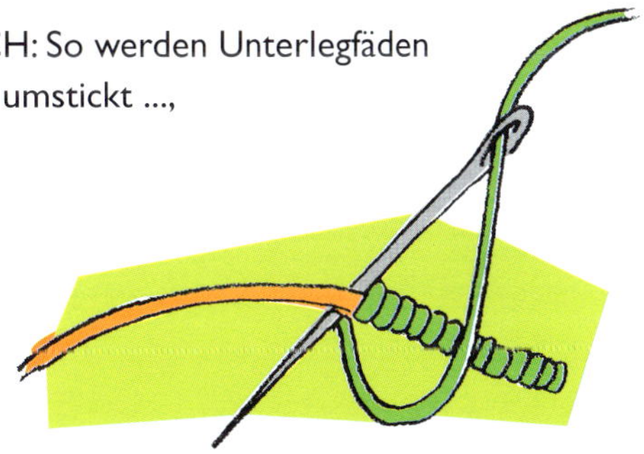

... so kannst du Bänder aufsticken ...

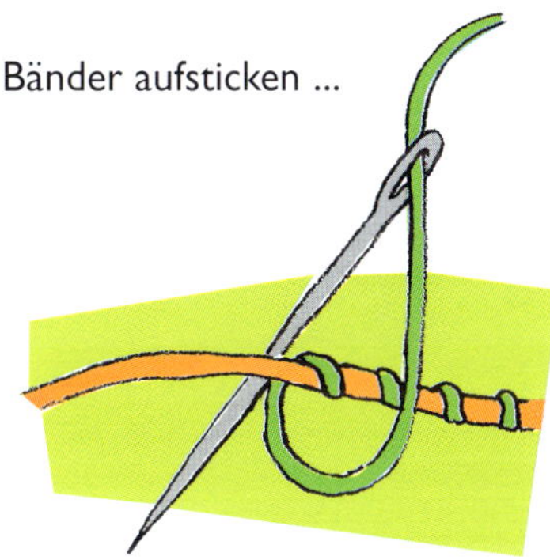

... und Perlen aufnähen.

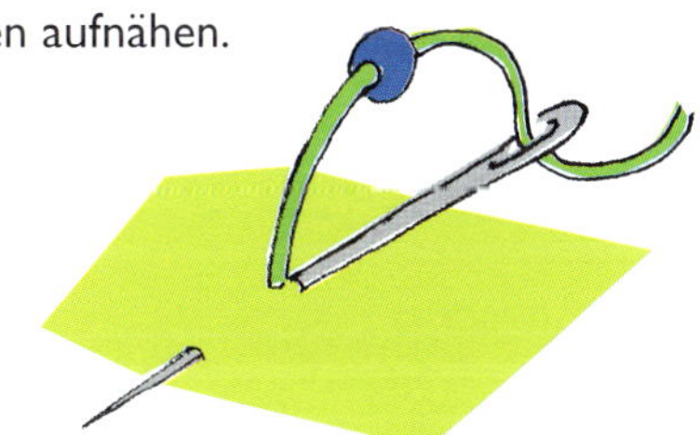

Minis

MATERIAL
Stoff
Stickgarn
Sticknadel
Schere

Beim Wort „sticken" denken viele an großflächige und mühselige Fleißarbeiten. Aber das muss gar nicht sein. Denn die meisten Stickstiche sind so schön, dass sie bereits einzeln wie kleine Kunstwerke wirken.

Probiere es aus: Schneide aus einem hellen Stoff kleine Quadrate zu und franse deren Ränder gleichmäßig aus.

Dann wählst du ein paar Stickgarnfarben und testest auf jedem Quadrat einen anderen Stich von Seite 12/13.

Blumen etc.: Milena, 10 Jahre ▶

... MIT ZIERSTICHEN

SCHACHTELN

MATERIAL
Stoffreste
Papierreste
Stickgarne
Sticknadel
Textil- oder Alleskleber
Pappschachteln
Schere

Aus den Stoffresten schneidest du Rechtecke in verschiedenen Größen zu und bestickst sie mit den Stichen von Seite 12/13. Wenn du möchtest, kannst du auch hübsche Papierreste einarbeiten. Die bestickten Stoffe klebst du auf die Schachteln, wie es dir gefällt.

Postkarten

MATERIAL
Weiße Karteikarten, DIN A6
Stoffreste
Stickgarn
Sticknadel
Schere
Klebestift

Spaß macht es, beim Sticken bereits bestehende Stoffmuster aufzugreifen oder zu verändern: Aus Punkten werden Blumen, aus Linien Girlanden, aus Karos Kreuze ...

Zuerst schneidest du passende Stoffstreifen zu, bestickst sie und klebst sie auf die Karteikarten. Das war's.

Postkarten: Katharina, 12 Jahre ▶

... MIT ZIERSTICHEN

GETIER

MATERIAL
Stoff
Nähgarn, Stickgarn
Nähnadel, Sticknadel
Bänder, Bast, Drähte etc.
Perlen, Knöpfe
Füllwatte
Schere

Für die Tiere zeichnest du zunächst ein Schnittmuster. Umso einfacher die Umrisse, umso einfacher später das Wenden. Die Form schneidest du zweimal mit Nahtzugabe (siehe Seite 44) zu, einmal für das Ober-, einmal für das Unterteil. Das Unterteil muss spiegelverkehrt sein. Also wendest du das Schnittmuster, bevor du es zum zweiten Mal auflegst.

Die Oberseite bestickst du mit Bändern und Perlen. Wie das geht, erfährst du auf Seite 13.

◀ Kröte und Echse: Milena, 10 Jahre, Katharina, 12 Jahre

Dann legst du Unter- und Oberteil rechts auf rechts aufeinander und nähst beide Teile verstürzt zusammen (siehe Seite 44/45), eine ausreichend große Wendeöffnung bleibt offen. Nach dem Wenden stopfst du dein Tier mit Watte aus und schließt die letzte Naht.

TIPP

Beim Wenden von kniffeligen Stellen wie den Echsenbeinen hilft ein Pinselstiel.

Buchstaben

MATERIAL
Wollfilz, Wolle
Stickgarne
Sticknadel
Papierchen, Gummibänder, Drähte etc. zum Aufsticken
Schere, Bleistift

Am einfachsten lassen sich Buchstaben sticken, wenn du sie erst mit Bleistift auf den Stoff vorschreibst. Dann stickst du sie mit einem engen Vor- oder Rückstich (siehe Seite 34) nach.

Einen Notizbucheinband wie hier nähst du so: Der Wollfilz muss einmal um das Buch herumpassen. Zusätzlich rechnest du an jeder kurzen Seite 3 bis 4 cm dazu. Das sind die Klappen, in die das Buch später gesteckt wird.
Dann bestickst du den Wollfilz, wie du möchtest, zum Beispiel mit Buchstaben, Papieren, Gummibändern, Drähten und freien Stickstichen. Als Nächstes schlägst du die Klappen ein und nähst sie an der Ober- und Unterkante fest. Jetzt fehlt nur noch ein passendes Lesezeichen.

Notizbucheinband:
Elena und Jasper, 8 und 9 Jahre

ELENA

VÖGEL

MATERIAL
Dickeres und weiches Papier, zum Beispiel Tapetenreste, Naturpapiere
Stickgarn
Sticknadel
Geschenkpapier
Klebestift
Schere
Bleistift

Die bunten Vögel werden auf Papier gestickt. Wenn du möchtest, kannst du sie mit Bleistift leicht vorzeichnen. Dann beklebst du einzelne Flächen mit Geschenkpapieren, stickst die Konturen nach und verzierst die Innenflächen mit diversen Stickstichen von Seite 12/13.

◀ Vögel: Johannes, 13 Jahre

DICKE RAUPEN

MATERIAL
In der Waschmaschine gefilzter Wollpulli
Wolle, Bast
Knöpfe
Watte, Füllwatte
Schere
Alleskleber
Stumpfe Sticknadel

Die dicken Raupen bestehen aus abgeschnittenen, gefilzten Pulloverärmeln. Mit einer stumpfen Sticknadel fädelst du Wolle oder Bast durch ein Ärmelende, ohne aus Versehen beide Wolllagen zusammenzunähen. Bewege die Wollnadel dabei immer hoch und runter wie beim Vorstich (siehe Seite 34). Die beiden Fadenenden ziehst du zusammen und verknotest sie. Das Ärmelende schließt sich.

Dann wird ein wenig Watte hineingestopft und wieder ein Wollfaden durch den Ärmel gezogen und verknotet. Es folgt ein wenig Füllwatte, und so weiter.

Auf diese Weise entstehen die Glieder des Raupenkörpers. Die können dicker oder dünner werden, je nachdem wie viel Watte du hineinstopfst und in welchem Abstand du den nächsten Wollfaden hindurchziehst. Bist du am Ärmelende angelangt, schnürst du dieses ebenfalls mit einem Wollfaden zusammen. Hier entsteht das Raupengesicht – aus Knöpfen, Bast und kleinen Wollstücken.

Dicke Raupe links:
Nele 7, Jahre ▶

... MIT DER MASCHINE

Auch mit der Nähmaschine lässt es sich sticken. Du kannst ...

- ... mit dem normalen Geradstich Motive sticken. Probiere, die Linien zweimal nachzunähen. Das übt.
- ... jede Menge Zierstiche ausprobieren. Denn fast jede haushaltsübliche Nähmaschine bietet verschiedene Zierstiche an. Vielleicht musst du bei manchen Stichen den Nähfuß wechseln (das steht in der Bedienungsanleitung). Probiere auch einen andersfarbigen Unterfaden aus, der hier und da hervorblitzt.
- ... wasserlösliches Stickvlies ausprobieren. Das ist ein Spezialgewebe, mit dem sich dickere Bänder oder Schnüre aufnähen lassen, ohne dass sich das Nähfüßchen in den Schlaufen verfängt: Erst legst du die Bänder auf den Stoff, dann breitest du ein Stück Stickvlies aus und nähst kreuz und quer darüber. Das Ganze hältst du unter fließend kaltes Wasser: Erst schäumt's, dann löst sich das Stickvlies Stück für Stück auf. Wasche das Vlies so lange aus, bis das Wasser klar ist. Nach dem Trocknen kannst du noch lose Bänderenden festnähen.

MIT FUTTER

MATERIAL
Stoffe
Nähmaschine
Nähnadel
Nähgarn
Stecknadeln
Bänder, Wolle
Wasserlösliches Stickvlies
Schere

STICKAPPLIKATION: Ein kleines Stoffstück verzierst du mithilfe von Stickvlies wie auf Seite 29 beschrieben. Die Applikation nähst du mit engem Zickzackstich (siehe Seite 61) auf den Außenstoff für die Vorderseite, bevor die Einzelteile der Tasche wie unten beschrieben zusammengenäht werden.

TASCHE: Für die Tasche schneidest du vier gleich große Stoffrechtecke zu, zwei aus Außenstoff, zwei aus Futterstoff. Die Nahtzugabe beträgt ringsum 1 cm.

Du nähst jeweils ein Außenstoff- und Futterrechteck an den Oberkanten rechts auf rechts zusammen.

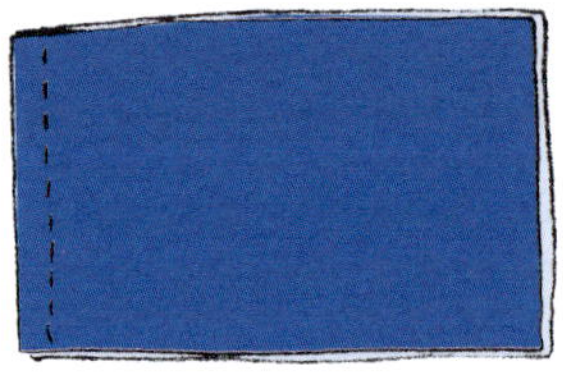

Die beiden so entstandenen langen Stoffflächen steckst du rechts auf rechts aufeinander. Dabei trifft Futterstoff auf Futterstoff und Außenstoff auf Außenstoff. Die zwei Lagen nähst du ringsum zusammen. Eine Wendeöffnung beim Futterstoff bleibt offen.

Nun die Nahtzugaben zurückschneiden und Tasche wenden. Noch offene Naht von Hand schließen. Jetzt kannst du den Futterbeutel in die Tasche schieben. Einen Riemen befestigst du mit wenigen Handstichen an der Tasche.

NÄHEN

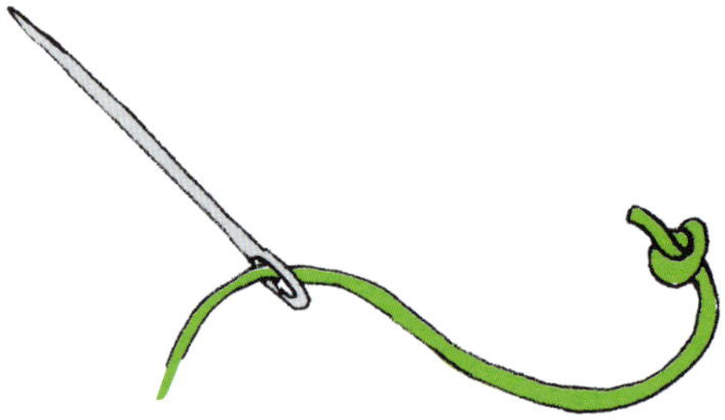

FADENENDE SICHERN: Zu Beginn ziehst du das eine Garnende durch das Nadelöhr, in das andere Garnende schlingst du einen Knoten. So kann das Fadenende beim Nähen nicht durch den Stoff rutschen.

◆ VORSTICH: Dieser sehr einfache Stich wird von rechts nach links genäht. Die Nadel stichst du von unten nach oben durch den Stoff, die Bewegung ist also hoch – runter – hoch – runter. Mit etwas Übung schiebst du die Nadel in einer Bewegung hoch – runter – hoch durch den Stoff. Das siehst du auf der Zeichnung. Der Vorstich geht schnell, verbindet zwei Stofflagen aber nicht so fest wie zum Beispiel der Rückstich.

◆ 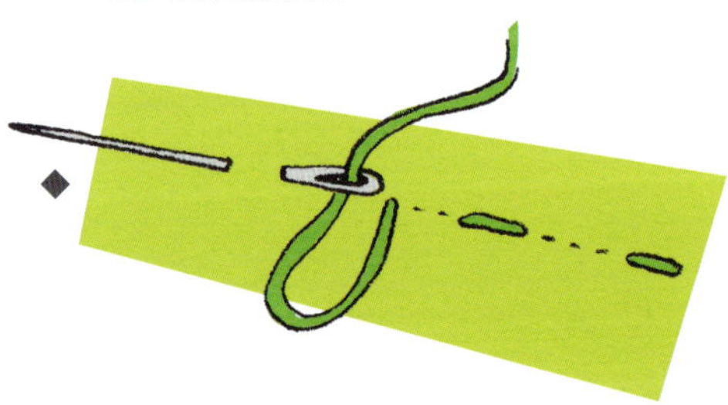

VERNÄHEN: Um zu verhindern, dass sich eine Naht wieder auflöst, musst du das Fadenende vernähen: Dafür stichst du auf der Stoffrückseite immer wieder durch die Garnfäden der letzten Stiche, hin und her, kreuz und quer. Ohne die Nadel wieder auf die Stoffvorderseite zu stechen. Dann schneidest du den Faden ab.

○ 

○ RÜCKSTICH: Mit Sicherheit der wichtigste Handstich. Auch er wird von rechts nach links genäht: Du stichst ein und nach etwa einem halben Zentimeter wieder aus. Dabei führst du die Nadel in einer Bewegung erst einmal nach unten und dann wieder nach oben. Direkt neben dem letzten Ausstich stichst du erneut ein, führst die Nadel in einer Bewegung erst nach unten, dann nach oben durch den Stoff. Dann stichst du am Ausstich davor wieder ein und so fort. Das klingt kompliziert, ist es aber nicht. Auf der Zeichnung kannst du alles erkennen.

STOFFKANTEN VERSÄUBERN: Um zu verhindern, dass offene Kanten ausfransen, kannst du sie mit einer Zackenschere nachschneiden. Doch besser ist, die Stoffkanten zu umnähen. Das nennt man „versäubern“. Beim Handnähen eignet sich hierfür der Überwendlichstich. Beim Nähen mit der Maschine wird hierfür der Zickzackstich eingesetzt (siehe Seite 53).

NÄHEN

... VON HAND

ÜBERWENDLICHSTICH: Mit dem Überwendlichstich kannst du zwei Stoffkanten verbinden. Du stichst von der Rückseite nach vorne, führst Nadel und Faden über die Stoffkante hinweg auf die Rückseite zurück und stichst von der Rückseite wieder nach vorne. Auf diese Weise nähst du weiter und setzt schräge Stiche dicht an dicht.

KNOPFLOCHSTICH: Auch mit dem Knopflochstich kannst du Kanten einfassen. Die Nadel stichst du von der Rückseite nach vorne durch den Stoff. Dann legst du den Faden, wie auf der Zeichnung zu sehen, unter der Nadel zu einer Schlaufe und ziehst die Nadel hindurch. Dann die Nadel wieder von der Rückseite nach vorne ziehen, eine Schlaufe unter die Nadel legen und so weiter.

✖ RECHTS UND LINKS: Beim Nähen spricht man von rechter und linker Stoffseite. Das hat nichts mit rechts und links zu tun, sondern mit Vorder- und Rückseite. Die rechte Stoffseite ist die Vorderseite, sie zeigt nach außen. Die linke Stoffseite ist die Rückseite, sie zeigt nach innen. Bei bedruckten Musterstoffen ist das einfach zu erkennen. Die Seite mit den deutlicheren Mustern ist die rechte, die andere die linke Seite. Das ist wichtig, denn beim Nähen findest du oft Angaben wie „rechts auf rechts" oder „links auf links". Bei „rechts auf rechts" liegen zwei Stofflagen so aufeinander, dass die rechten Seiten zueinander zeigen. Bei „links auf links" hingegen zeigen die rechten Seiten nach außen.

links auf links

rechts auf rechts

DIE KNOPFSEITE

MATERIAL
Knöpfe mit Löchern und Ösen
Filzbänder
Geschenkbänder, Zackenlitze
Flaschenverschlüsse, Kronkorken
Nähgarn, Nähnadel, Schere

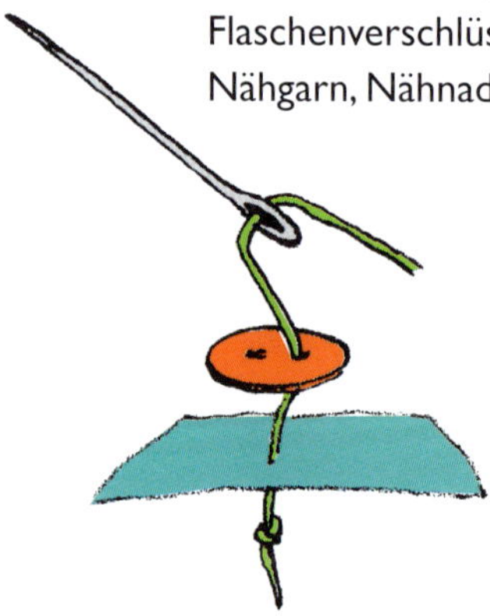

Die meisten Knöpfe haben zwei oder vier Löcher. Darüber hinaus gibt's Knöpfe mit einer Öse auf der Unterseite.

Um einen Knopf mit Löchern anzunähen, verknotest du das Fadenende und stichst die Nadel von unten durch den Stoff und ein Loch. Dann führst du Nadel und Faden an der Knopfoberseite durch das andere Loch wieder durch den Stoff nach unten. Diesen Stich wiederholst du mehrfach. Zum Schluss umwickelst du die Fäden zwischen Knopfunterseite und Stoffoberseite mehrmals mit dem Nähfaden. Die Nadel führst du ein letztes Mal auf die Stoffunterseite und vernähst die Enden.

Bei Knöpfen mit vier Löchern setzt du die Stiche auf der Knopfoberseite parallel oder über Kreuz. Für Ösenknöpfe führst du den Faden mehfach durch die Öse.

Außerdem kannst du ...
⊙... Knöpfe beziehen. Hierfür gibt es spezielle Knöpfe, in die sich der Überzugsstoff sauber einklemmen lässt. Doch auch normale Ösenknöpfe (oder Flaschenverschlüsse und Kronkorken) lassen sich verwenden: Du schneidest ein Quadrat zu, das ringsum ca. 1 cm größer als der Knopf ist. Dann nähst du durch die Ränder ringsum knappkantig einen lockeren Vorstich. Den Knopf legst du mit der Oberseite nach unten in die Stoffmitte, ziehst den Stoff am Garnfaden zusammen und vernähst ihn fest. Zum Beziehen eignen sich selbst bemalte oder bestickte Stoffstücke.
⊙... Sternenknöpfe nähen: Hierfür legst du kleine Bandstückchen kreuzförmig übereinander und nähst einen Knopf auf.
⊙... Filzbänder zusammenrollen und als Zierknöpfe verwenden. Die Röllchen fixierst du mit wenigen Handstichen, die du jeweils durch alle Lagen stichst. Du kannst andersfarbige Bänder oder Zackenlitzen einrollen, die Filzröllchen besticken, kleine Verzierungen aufnähen.

Alina, 8 Jahre, Luisa, 8 Jahre,
Chiara, 8 Jahre, Giulia, 12 Jahre,
Carla, 12 Jahre ▶

Im Quartett

MATERIAL
Bastelfilz
Stoffreste
Pappe
Alleskleber
Stickgarn
Sticknadel
Schere

Aus Pappe schneidest du Rechtecke von etwa 6 x 9 cm zu. Natürlich dürfen sich die Kartenrückseiten nicht unterscheiden, sonst droht Mogel-Alarm. Aus Filz schneidest du anschließend passend große Rechtecke zu – jeweils vier Stück in einer Farbe.

Für die Verzierungen schneidest du aus passenden Stoffresten einfache Formen aus und nähst sie von Hand auf die Filzrechtecke. Zum Beispiel mit dem Vor- oder Rückstich von Seite 34. Wenn du möchtest, kannst du mit bunten Garnen auch nur Muster nähen. Zum Schluss klebst du die Filzstücke auf die Pappen.

Quartettkarten:
Chiara, 8 Jahre,
Florence, 8 Jahre ▶

◀ Quartettkarten:
Giulia, 12 Jahre,
Sophie, 13 Jahre,
Chiara, 8 Jahre

SCHLENKERPUPPEN

MATERIAL
Stoffreste
Nähgarn
Stickgarn
Nähnadel
Watte
Knöpfe
Schere

Jede Puppe besteht aus einem Kopf, einem Körper, zwei Armen und zwei Beinen. Die Beine setzen sich wiederum aus einem Ober- und einem Unterschenkel zusammen. Für jedes Körperglied brauchst du jeweils zwei gleich große Zuschnitte: ein Vorder- und ein Rückteil. Insgesamt schneidest du also 16 Stoffteile pro Puppe aus.

Die Stoffzuschnitte legst du links auf links aufeinander, die schöne Seite zeigt vorne und hinten nach außen (siehe Seite 35). Dann nähst du die Stoffzuschnitte mit einem Rückstich an der Kante entlang zusammen. Allerdings musst du eine Öffnung lassen, sodass du das jeweilige Körperglied mit Watte füllen kannst. Nach dem Stopfen nähst du die Öffnung von Hand zu.

Sind alle Körperglieder fertig, nähst du sie aneinander.

▲ Puppen: Elena, 9 Jahre, Jasper, 10 Jahre, Milena, 10 Jahre

Tipp

Für das Gesicht verzierst du die Kopfvorderseite, bevor du sie auf die Rückseite nähst.

Fische etc.

MATERIAL
Stoffreste
Bunte Garne
Dicke Nadel
Bastreste
Knöpfe
Watte
Schere

Das Meersgetier besteht nur aus Grundformen: Kreise und Ovale für die Fischkörper, Dreiecke für die Flossen, Schlangenspitze und Schlangenmaul, lauter Rechtecke für den Schlangenkörper. Du brauchst jeweils zwei Zuschnitte, die du aufeinandernähst (siehe Seite 35). Ein Stückchen bleibt offen, um die Watte hineinzustopfen. Dann wird auch diese Seite geschlossen. Bei den Fischen nähst du die Flossen zwischen die Körperzuschnitte.

Die Rechtecke für den Schlangenkörper werden einfach mit Baststücken zusammengebunden, so ist die Wasserschlange beweglich. Mit Bast kannst du deine Tiere sowieso schön schmücken, fehlen nur noch Knöpfe für die Augen und ein paar Stickereien (siehe Seite 12/13).

⊙  ◆

⊙ ZUSCHNITT UND NAHTZUGABE: Beim Nähen spielt der Zuschnitt der Stoffteile eine wichtige Rolle. Um möglichst genau schneiden zu können, fertigst du aus Papier erst ein Schnittmuster. Das steckst du auf der linken Stoffseite mit Stecknadeln fest und umfährst es leicht mit Bleistift.

◆ In der Zeichnung erkennst du einen rot gestrichelten Rand. Das ist die sogenannte Nahtzugabe. Sie verhindert, dass man zu nahe am Rand näht, wodurch Stoff und Naht einreißen könnten.

Wie der Name verrät, handelt es sich um eine Zugabe. Das heißt, du musst sie zu der gewünschten Größe eines Stoffteils hinzurechnen. Meistens beträgt eine Nahtzugabe 1 cm ringsum.

In der Regel wird die Nahtzugabe nach dem Nähen zurückgeschnitten. Ecken schrägst du dabei leicht ab.

VERSTÜRZTE NÄHTE: Hinter diesem rätselhaften Begriff verbirgt sich eine wichtige Grundtechnik: Nähen ohne sichtbare Stiche.

✚ 

✚ Am Beispiel eines Säckchens wird schnell klar, was gemeint ist: Du brauchst zwei Rechtecke. Die nähst du rechts auf rechts aufeinander. Das heißt, die rechten Seiten zeigen beide zueinander und die linken Seiten zeigen nach außen (siehe Seite 35). Eine kurze Kante bleibt offen. Das ist die Wendeöffnung.

TRICKKISTE

TUNNEL: Beim Nähen wird der „Gang“, durch den sich Bänder oder Kordeln ziehen lassen, als Tunnel bezeichnet. Der einfachste Tunnel geht so: Du nähst ein breites Stoffband an den kurzen Enden um. Dann nähst du das Band jeweils an der Ober- und Unterkante auf einen anderen Stoff.

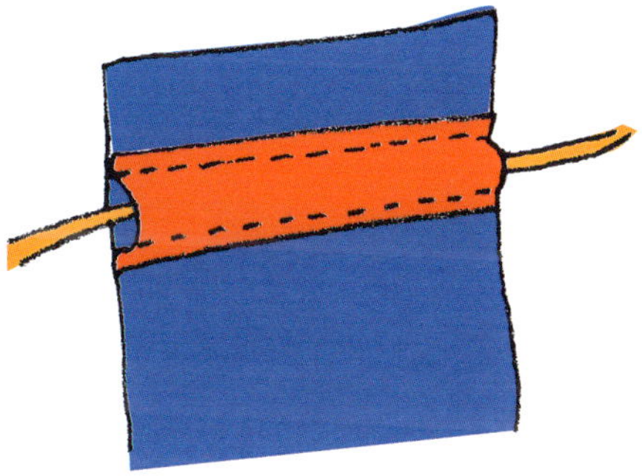

⭘ Nachdem du fertig genäht und die Nahtzugaben leicht zurückgeschnitten hast, wendest du das Säckchen durch die offene Kante. Mit anderen Worten: Du stülpst das Säckchen um. Die rechten Seiten zeigen jetzt nach außen und die Nähte sind im Inneren verschwunden.

✖ DOPPELTER EINSCHLAG: Für einen sauberen Abschluss von sichtbaren Stoffkanten nähst du einen doppelten Einschlag. In diesem Fall beträgt die Nahtzugabe 2 bis 3 cm. Die Nahtzugabe schlägst du zweimal ein und nähst sie fest.

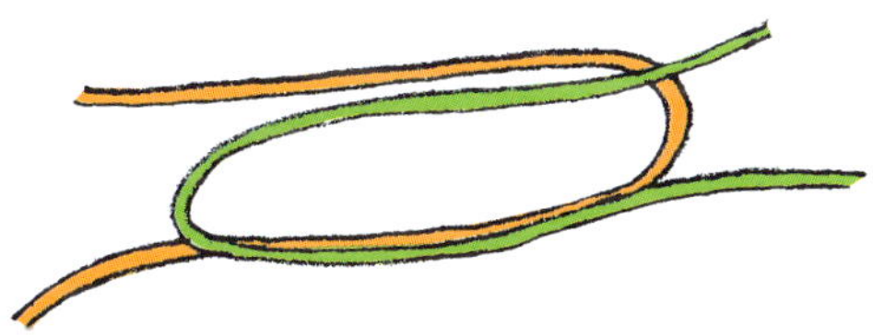

▲ So lassen sich zwei Bänder in einen Säckchentunnel fädeln. Wenn du die Enden verknotest und dann daran ziehst, schließt sich das Säckchen.

Beutel

MATERIAL
Stoff
Geschenkband
Nähnadel
Nähgarn
Stickgarn
Kordel
Perlen
Stecknadeln
Schere

Du brauchst zwei Stoffrechtecke (Vorder- und Rückteil) mit einer Nahtzugabe von 2 cm an der kurzen Oberkante und einer Nahtzugabe von 1 cm an den restlichen drei Kanten. An der Oberkante (die mit 2 cm Nahtzugabe) einen doppelten Einschlag nähen. Wie das geht, wird auf Seite 45 beschrieben.

Dann die beiden Rechtecke verstürzt aufeinandernähen, die Zuschnitte liegen rechts auf rechts. Alles dazu erfährst du auf Seite 44 und 45.

Zum Verschließen ziehst du Stickgarn mit einem großzügigen Vorstich (siehe Seite 34) durch die Oberkante und knotest zwei Perlen an die Enden.

Oder du nähst einen Tunnel (siehe Seite 45). In diesem Fall nähst du ein Geschenkband auf, bevor du Vorder- und Rückteil des Säckchens zusammennähst.

Tipp

Die Beutel lassen sich bequem von Hand, genauso gut aber auch mit der Maschine nähen (ab Seite 50).

RICKKISTE

RUPPENARBEIT

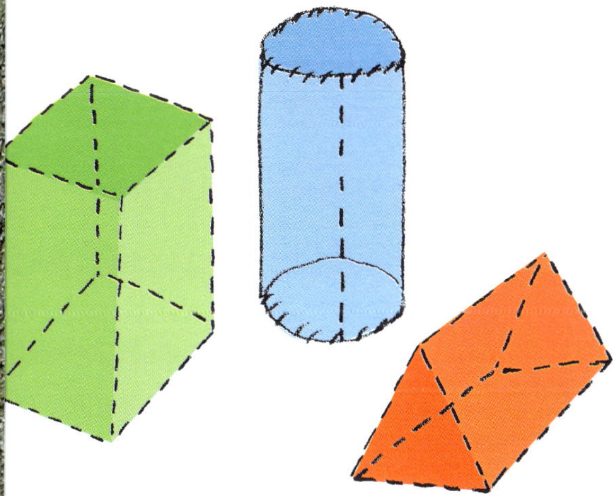

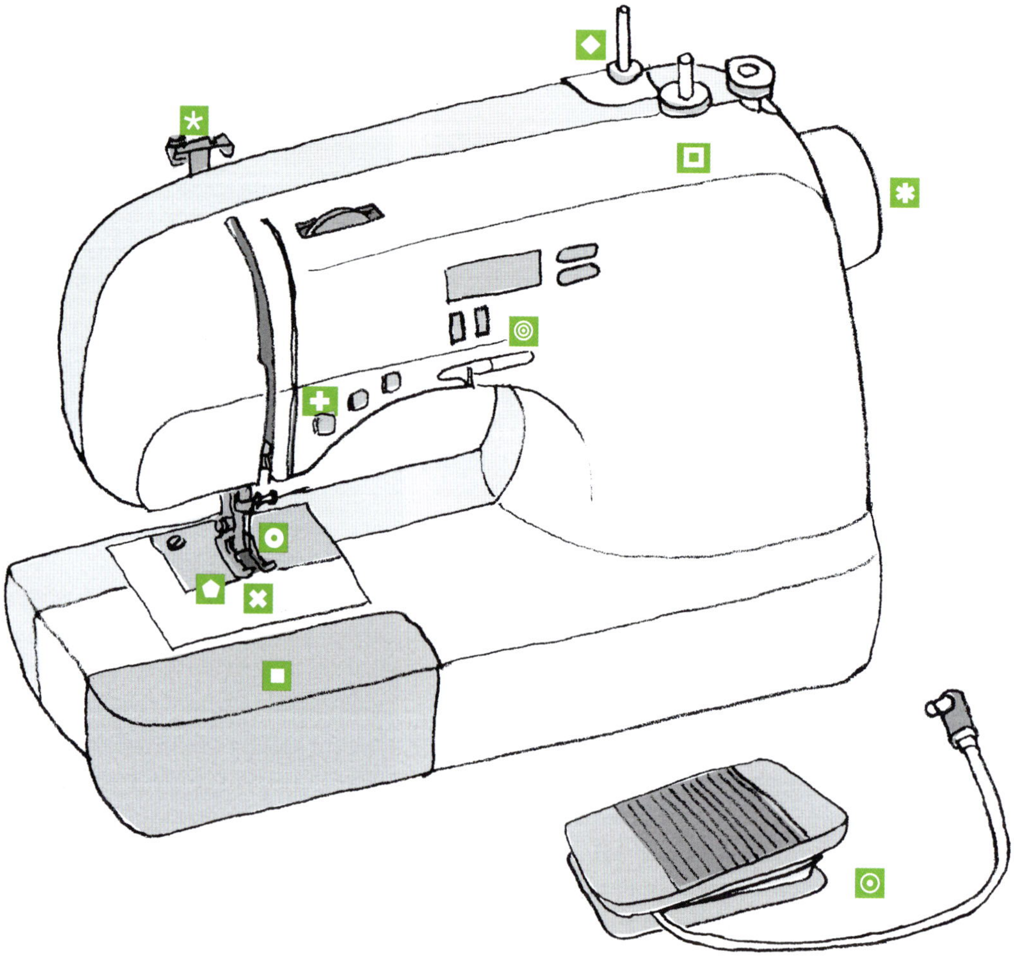

Jede Nähmaschine ist anders. Das hängt von dem jeweiligen Modell ab, von ihrem Alter. Aber dennoch haben alle Nähmaschinen Gemeinsamkeiten. Die wichtigsten Dinge findest du hier im Überblick.

Trotzdem: Bevor du loslegst, solltest du dich mit den Eigenheiten der Maschine vertraut machen, die vor dir steht.

NÄHEN

... MIT DER MASCHINE

⊙ FUSSPEDAL: Mit dem Fußpedal startest du die Nähmaschine. Du gibst also Gas. Je fester du drückst, desto schneller läuft die Nadel. Sobald du das Fußpedal loslässt, bleibt die Nadel stehen. Wichtig ist, das Fußpedal kontrolliert und gleichmäßig zu betätigen. Am besten ohne Schuhe, dann hat man ein besseres Gefühl dafür.

✚ RÜCKWÄRTSTASTE: Wenn du sie betätigst, näht die Maschine rückwärts.

✖ NÄHFUSS: Der Nähfuß führt und hält den Stoff fest. Mit dem Nähfußhebel kannst du ihn heben und senken.

● NADEL: Das A und O der Maschine. Beim Nähen wird sie automatisch rauf- und runterbewegt. Du kannst sie auswechseln, wenn sie stumpf geworden oder verbogen ist. Die Nadel muss im Stoff versenkt werden, bevor du zu nähen beginnst.

✱ HANDRAD: Hiermit bewegst du die Nadel nach oben und unten, ohne das Fußpedal zu betätigen.

⬟ TRANSPORTEUR: Er sorgt dafür, dass der Stoff während des Nähens gleichmäßig nach hinten wegbewegt wird.

OBER- UND UNTERFADEN: Im Gegensatz zum Nähen von Hand wird beim Nähen mit der Maschine mit zwei Fäden gleichzeitig genäht. Der eine ist der Oberfaden. Er ist auf der Stoffoberseite zu sehen. Der andere ist der Unterfaden. Er ist auf der Stoffunterseite zu sehen. Der Unterfaden verbirgt sich im Inneren der Nähmaschine und wird mit jeder Abwärtsbewegung der Nähnadel nach oben geholt.

◆ Hier sitzt die Garnspule für den Oberfaden.

✶ FADENFÜHRUNG: Der Oberfaden wird durch mehrere Ösen und Haken geführt, bevor du ihn durch die Nähnadel fädelst. In der Regel ist auf jeder Nähmaschine eine Skizze zu finden, wie du den Oberfaden führen musst.

■ UNTERFADEN: Hinter dieser Klappe versteckt sich der Unterfaden, der auf eine spezielle Spule gewickelt ist.

▣ Das ist die Aufspulvorrichtung für den Unterfaden.

◎ Hier stellst du die Stichart, -länge und -breite ein.

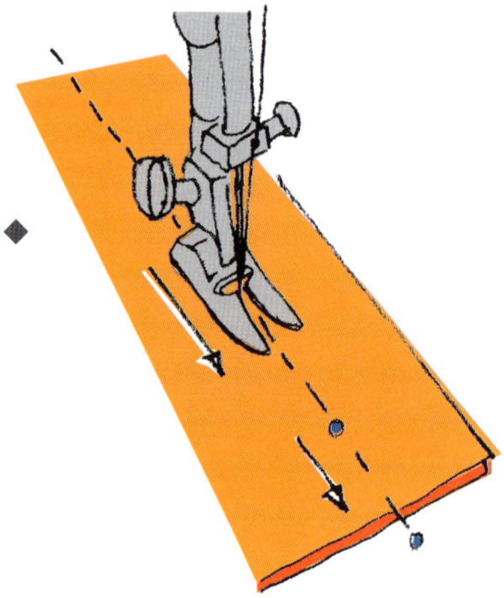

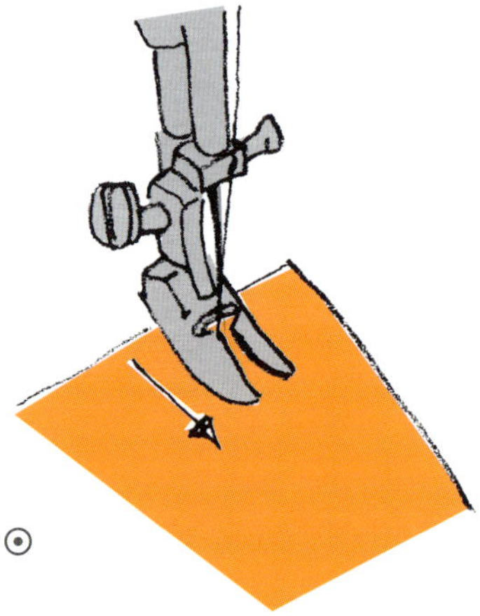

◆ STECKEN: Möchtest du zwei Stofflagen zusammennähen, müssen diese mit Stecknadeln fixiert werden. Sonst verrutschen die Stoffe beim Nähen. Die Stecknadeln steckst du so in den Stoff, dass sie sich beim Nähen bequem herausziehen lassen. Denn du solltest vermeiden, über eine Stecknadel zu nähen. Die Nähnadel könnte abbrechen oder sich verbiegen.

⊙ ZU BEGINN: Du hebst die Nadel mit dem Handrad und hebst auch den Nähfuß. Dann schiebst du den Stoff unter den Nähfuß, senkst diesen wieder ab und drehst die Nadel mit dem Handrad in den Stoff. Jetzt kannst du das Fußpedal betätigen, sachte.

TIPP

Den Stoff zwischen den Arbeitsschritten immer wieder bügeln.

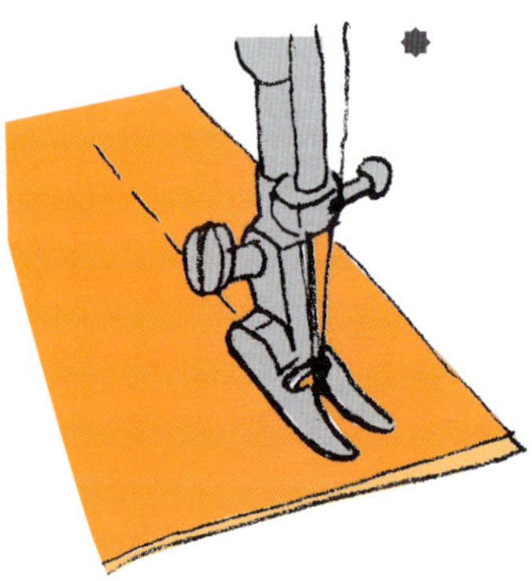

✹ GERADSTICH: Das ist der wichtigste Nutzstich der Nähmaschine. Er heißt auch Steppstich. Achte beim Nähen darauf, dass der Stoffüberstand, den du rechts vom Nähfuß siehst, immer gleich breit bleibt. Die Hilfslinien auf der Nähmaschine helfen dir dabei. So nähst du gerade.

NÄHEN … MIT DER MASCHINE

✖ VERRIEGELN: Damit sich eine Naht nicht auflöst, muss sie am Anfang und Ende verriegelt werden. Am Anfang nähst du etwa drei Stiche vorwärts, dann betätigst du die Rückwärtstaste und nähst drei Stiche rückwärts. Dann nähst du wieder vorwärts. Das Ganze wiederholst du am Nahtende.

* ZICKZACKSTICH: Auch ein sehr wichtiger Stich. Mit ihm kannst du zwei Stofflagen aufeinandernähen. Oder du versäuberst offene Stoffkanten (siehe Seite 61). Genauso gut kannst du ihn zum Verzieren von Stoffoberflächen benutzen.

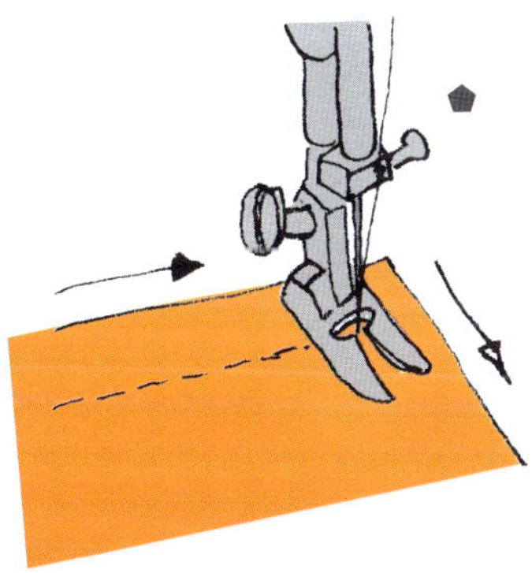

⬟ UM DIE ECKE: Um die Ecke zu nähen, ist nicht schwer: Du stoppst die Maschine, lässt die Nadel im Stoff und hebst aber den Nähfuß. Dann drehst du den Stoff in die neue Richtung. Ohne Falten. Den Nähfuß senkst du wieder und nähst weiter.

AUTOBAHN

MATERIAL
Stoffreste
Knöpfe
Papier
Maschendraht
Seitenschneider
Nähmaschine
Nähnadel
Nähgarn
Schere
Stecknadeln
Kleine Magnete
Füllwatte

Autos, wohin man schaut. Das Besondere daran: In jedes Auto ist ein kleiner Magnet eingenäht, sodass es hin- und herfahren kann, von rechts nach links, von links nach rechts. Denn in der Stoff-Straße verbirgt sich ein Maschendraht, sodass die Autos halten.

Für die Fahrzeuge schneidest du aus Papier Schnittmuster zu. Diese sollten möglichst einfache Formen haben. Für jedes Auto brauchst du ein Vorder- und Rückteil. Das Rückteil muss spiegelverkehrt zugeschnitten werden. Du wendest also das Schnittmuster, bevor du es auflegst.

Dann steckst du die Autoteile links auf links aufeinander und nähst sie mit einem engen Zickzackstich zusammen. Eine Öffnung bleibt frei, durch die du die Watte hineinstopfst und die kleinen Magnete einlegst. Die Öffnung schließt du von Hand.

Für die Straße schneidest du ein schmales Rechteck aus Maschendraht zu. Dann schneidest du zwei entsprechend lange Stoffstreifen zu, mit 1 cm Nahtzugabe ringsum. Auf die Vorderseite nähst du kurze Stoffbänder als Mittelstreifen. Die Rechtecke nähst du rechts auf rechts verstürzt zusammen (siehe Seite 44/45) und lässt eine kurze Seite offen. Nach dem Wenden schiebst du den Maschendraht hinein und schließt die offenen Kanten mit wenigen Handstichen.

▲ Autobahn: Elena, 9 Jahre, Jasper, 10 Jahre, Milena, 10 Jahre

Box

MATERIAL
Dicker Stoff, zum Beispiel Cord
Baumwollstoff
Nähmaschine
Nähgarn
Nähnadel
Stecknadeln
Schere

Die Boxen hier sind mit der Nähmaschine und von Hand genäht.
Die Seitenteile bestehen aus zwei Lagen (1 x Baumwollstoff, 1 x Cord) und werden verstürzt genäht (siehe Seite 44/45). Denke also beim Zuschnitt an die Nahtzugabe von 1 cm ringsum. Für den verstürzten Boden brauchst du ebenfalls zwei Lagen.

Die Seitenteile bestehen aus Rechtecken, der Boden aus einem Quadrat. Die Seitenlänge des Bodens entspricht der Unterkante der Seitenteile. Stecke immer beide Lagen rechts auf rechts aufeinander und nähe sie bis auf eine Wendeöffnung zusammen. Die Nahtzugabe schneidest du außer an der Wendeöffnung zurück. Dann wendest du alle Teile. Die offenen Kanten nähst du von Hand zu, nachdem du dort die Nahtzugaben nach innen eingeschlagen hast. Die Seitenteile werden an den Boden genäht, bevor du sie aufrichtest und an den Kanten vernähst. Möchtest du die Oberkanten umkrempeln? Dann fixiere sie mit ein paar Handstichen.

KISSEN

MATERIAL
Stoffe
Bänder, Zackenlitze, Knöpfe
Nähmaschine
Nähgarn
Nähnadel
Füllwatte
Stecknadeln
Schere

Mit der Nähmaschine lassen sich Kissen aller Art nähen. Hier lernst du eine der einfachsten Kissenformen kennen. Und dazu jede Menge Verzierungsmöglichkeiten.

Für das Grundmodell schneidest du zwei Rechtecke in der gewünschten Größe plus einer Nahtzugabe von 1 cm ringsum. Die Rechtecke steckst du rechts auf rechts (siehe Seite 35) zusammen und steppst sie ringsherum zusammen. Denke dabei an die Wendeöffnung.

Dann schneidest du die Nahtzugaben außer an der Wendeöffnung zurück und wendest die Kissenhülle. Als Nächstes stopfst du das Kissen mit Füllwatte aus, schlägst die Nahtzugabe an der Wendeöffnung nach innen ein und schließt die Öffnung mit wenigen Handstichen.

Varianten, von links nach rechts:
- Kissen pur,
- + Musterstoff hochkant oder ...
- ... quer,
- + Zackenlitze und ...
- ... Bänder,
- + Applikation,
- + Band und Label,
- + andersfarbigen Zickzackrand,
- + Knopf.

TIPP

Mehr zu Applikationen und Label erfährst du auf Seite 63.

APPLIKATIONEN

Stoffoberflächen kannst du belassen, wie sie sind. Oder du verzierst sie mit anderen Stoffen. Beim Nähen heißt das applizieren. Applikationen sind also Formen und Motive, die auf den Grundstoff aufgenäht werden.

REIHE 1:
⊙ Wichtig ist, die Applikation festzustecken. So kann beim Nähen nichts verrutschen.
⊙ Gerade Stoffkanten schlägst du ein ...
⊙ ... und steppst sie mit der Nähmaschine fest.

REIHE 2:
⊙ Möchtest du die Stoffkanten nicht einschlagen, eignet sich ein dichter Zickzackstich. Das Garn wählst du passend zum Stoff ...
⊙ ... oder in einer Kontrastfarbe.
⊙ Haben Applikationen komplizierte Kanten, hilft Bügelvlies: Du bügelst die Applikation auf das Spezialgewebe und schneidest die Form nach. Dadurch wird die Applikation stabiler, die Stoffkanten fransen nicht aus. Oder du benutzt doppelseitiges Klebevlies. Damit lässt sich die Applikation direkt aufbügeln.

REIHE 3:
⊙ Applikationen kannst du von Hand mit dem Knopflochstich von Seite 35 festnähen.
⊙ Geschwungene Formen lassen sich mit engem Zickzackstich aufnähen. Beim Nähen folgst du der Außenkontur und drehst den Stoff seinen Umrissen entsprechend unter dem Nähfuß. Dabei darf der Stoff keine Falten werfen. Wenn du nicht weiterkommst, stoppst du die Maschine, hebst den Nähfuß und drehst den Stoff in die richtige Richtung. Dann senkst du den Nähfuß wieder, um weiterzunähen.
⊙ Aus hübschen Stoffen kannst du ein Motiv ausschneiden, auf Bügelvlies bügeln und als Applikation weiterverwenden.

MIT LABEL

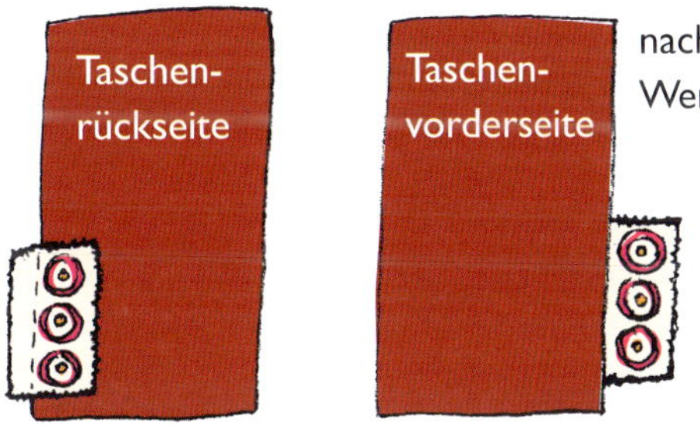

▲ Für ein seitliches Label: Du platzierst die Rückseite und dann das Label (Zeichnung links). Dann legst du die Vorderseite auf, nähst beide Teile zusammen und wendest das Täschchen.

MATERIAL

Gefilzter Wollstoff oder Cord
Einfarbiger Stoff
Gemalte Stofflabel
Knopf
Nahgarn
Nähnadel
Stecknadeln
Schere

In der Modebranche sind Label kleine Etiketten mit dem Firmennamen oder Logo. Du kannst nach Lust und Laune eigene Label malen oder drucken.

APPLIKATION: Deine Label kannst du mit der Nähmaschine aufnähen. Du schneidest die Zeichnung so zu, dass ringsum ein schmaler Rand frei bleibt. Dann steckst du die Zeichnung auf einen anderen Stoff und nähst mit engem Zickzackstich um den Rand herum. Anschließend schneidest du das Teil wiederum so zu, dass ein schmaler Rand bleibt. Dieses Stoffstück nähst du ringsum mit Zickzackstich an seinen endgültigen Platz.

◀ Zebra: Luisa, 8 Jahre
Qualle: Alina, 8 Jahre

TÄSCHCHEN: Du brauchst zwei gleich große Rechtecke, die du mit Nahtzugabe zuschneidest und rechts auf rechts verstürzt zusammennähst (siehe Seite 44/45). Nachdem du die Tasche gewendet hast, schneidest du ein entsprechend breites Rechteck als Taschenklappe zu und nähst diese von Hand auf der Rückseite fest.

KNOPFLOCH: Mit einer spitzen Schere schneidest du einen Schlitz in die Taschenklappe, der so lang ist, dass dein Knopf gerade eben hindurchpasst. Die Ränder des Knopflochs umnähst du von Hand mit einem Knopflochstich (siehe Seite 35). Jetzt fehlt nur noch der Knopf auf der Taschenvorderseite.

Zum Wickeln

MATERIAL
Stoffe
Bügelvlies
Nähmaschine
Nähgarn
Nähnadel
Stecknadeln
Schere

Dieses Wickel-Etui sieht komplizierter aus, als es ist: Es besteht aus zwei langen Stoffrechtecken, die verstürzt zusammengenäht werden (siehe Seite 44/45). Möchtest du das Etui mit einer Applikation verzieren, wird diese aufgenäht, bevor du die zwei Stoffrechtecke zusammennähst.

APPLIKATION: Sie ist erst auf Bügelvlies (siehe Seite 61) gebügelt worden, damit die Ränder nicht ausfransen. Anschließend kannst du die Applikation auf einen anderen Stoff mit engem Zickzackstich an den Außenkanten aufnähen.

WICKEL-ETUI: Es werden zwei gleich große Rechtecke zugeschnitten (Nahtzugabe nicht vergessen) und rechts auf rechts zusammengenäht. Die Nahtzugabe schneidest du außer bei der Wendeöffnung zurück. Nach dem Wenden schlägst du die Nahtzugabe an der Öffnung ein und nähst sie von Hand zu. Vor dir liegt ein langes Rechteck, das aus zwei Lagen besteht. Für das Etui klappst du das Rechteck an einem Ende zu etwa einem Drittel um und nähst es an den Rändern oben und unten fest. Zum Zubinden nähst du verstürzt ein langes Band. Das befestigst du an dem anderen Etui-Ende mit ein paar Handstichen.

WEBEN FLECHTEN KNÜPFEN

WEBEN

Beim Weben arbeitest du mit zwei Fadensystemen: den Kettfäden und den Schussfäden. Du spannst Kettfäden über einen Rahmen und webst dann den Schussfaden ein, indem du ihn abwechselnd über einen Kettfaden hinweg- und unter einem Kettfaden hindurchführst.

Zum Weben kannst du einen Schulwebrahmen verwenden. Der hat oben und unten je einen Querstab mit Einkerbungen. Die Querstäbe heißen Kett- und Warenbaum. In der Mitte des Rahmens befindet sich ein bewegliches Teil, der Webkamm.

⊙

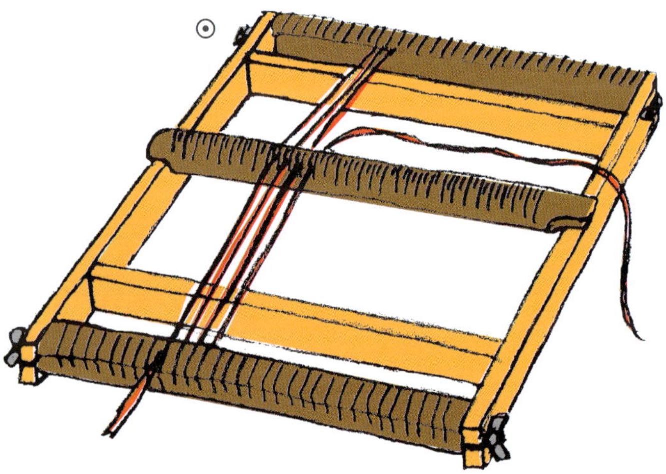

⊙ WEBRAHMEN BESPANNEN: Um den Webrahmen zu bespannen, knotest du den Faden an der unteren Querstrebe fest. Du führst ihn gerade nach oben, legst ihn in eine Kerbe des Webkamms und hakst ihn an der oberen Querstrebe ein. Dann geht es über die nächste Kerbe im Webkamm wieder nach unten. Die Kerben an Kett- und Warenbaum werden immer doppelt belegt, die Kerben am Webkamm nur einfach. Hast du genügend Kettfäden gespannt, verknotest du den Faden an der oberen Querstrebe. Mehr Fadenspannung erreichst du, wenn du Kett- oder Warenbaum nach außen drehst. Hierfür löst du die seitlichen Flügelschrauben etwas und ziehst sie danach wieder fest.

◆ WEBEN: Wenn du die Kettfäden vorbereitet hast, kann's losgehen. Du ziehst einen Webfaden in eine Webnadel oder wickelst ihn auf ein Webschiffchen aus Holz. Wenn du den Webkamm nach vorne oder nach hinten drehst, entsteht jeweils ein Fach. Durch dieses schiebst du den Webfaden, deinen Schussfaden, im leichten Bogen hindurch.

✖ ANSCHLAGEN: Dann nimmst du einen Kamm und drückst den Webfaden in Richtung des unteren Querstabes. Man sagt, „der Schussfaden wird angeschlagen“. Nach jeder Reihe drehst du den Webkamm. Dadurch werden die Kettfäden, die vorher unten lagen, angehoben und die, die zuvor oben lagen, nach unten gedrückt. Achte darauf, dass sich die Schlaufen am Rand locker um den äußeren Kettfaden legen. Wenn du zu fest am Schussfaden ziehst, wird dein Gewebe nach oben hin immer schmaler.

✚ GEWEBE VOM RAHMEN NEHMEN: Ist deine Webarbeit beendet, löst du die Flügelschrauben und drehst Kett- oder Warenbaum zum Gewebe. Dann kannst du die Kettfäden aus den Kerben heben. Die Kettfäden kannst du verknoten oder an einer Seite vorsichtig ins Gewebe einziehen.

◆

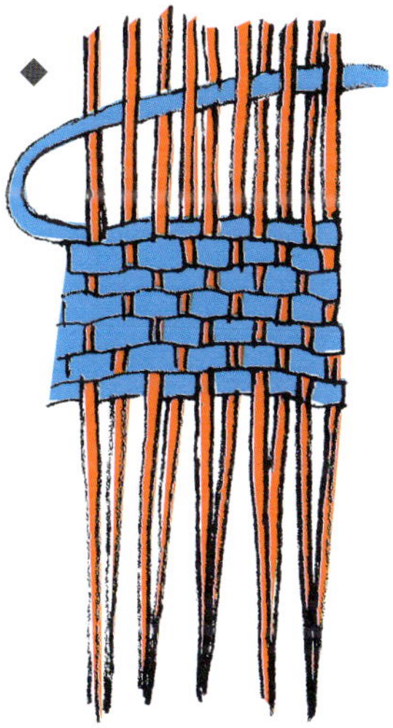

✖

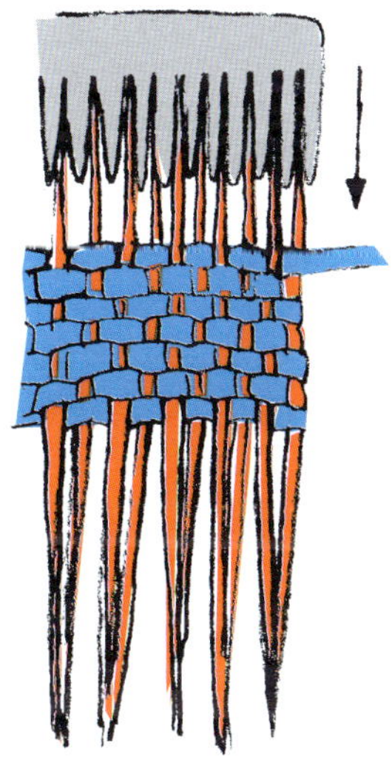

✚

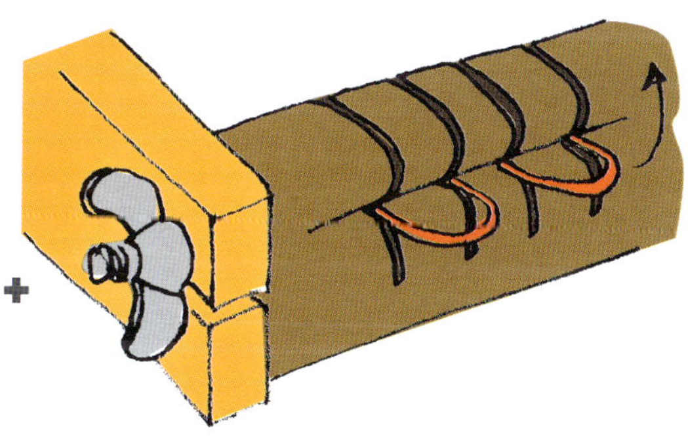

Hocker

MATERIAL
Alte Fahrradschläuche
Hockergestell
Tacker
Schere

Am besten nimmst du Fahrradschläuche, die nicht gerundet sind, sondern flach liegen. Du schneidest zuerst das Ventil heraus. Dann schneidest du die Schläuche an einer Kante der Länge nach auf. Du spülst sie in Seifenwasser aus, trocknest sie gut ab und schneidest sie in Stücke. Diese sollen so lang sein, dass sie eine ausreichend große Sitzfläche ergeben. Außerdem brauchst du noch ein bisschen Spiel, damit du die Streifen um die Streben des Hockergestells legen kannst.

Du spannst „Kettfäden" von einer Strebe zur anderen. Mit dem Tacker befestigst du die Streifen an den Streben. Rechts und links außen spannst du doppelte Streifen. Dann webst du die „Schussfäden" ein und befestigst sie mit Tackerklammern am unteren der doppelt gelegten seitlichen Streifen. So sieht man die Klammern nicht und sie stören auch nicht beim Sitzen.

Achtung: Fahrradschläuche sind sehr elastisch. Also fest spannen, damit die Sitzfläche nicht durchhängt.

Sitzfläche: Zoe und Max,
9 Jahre und 11 Jahre ▶

WANDTEPPICH

MATERIAL

Plastiktüten
Holzlatten
Dicke Schnur
Ringschrauben
Bohrmaschine mit Holzbohrer

Du brauchst zwei gleich lange Holzlatten. In die bohrst du in gleichem Abstand Löcher. Beide Latten sollen die gleiche Anzahl Bohrlöcher haben. Dann spannst du deine Kettfäden: Du legst die beiden Latten im gewünschten Abstand auf den Fußboden, machst einen Knoten in die Schnur und fädelst sie durch ein Bohrloch ein. Führe die Schnur immer abwechselnd zur oberen und unteren Latte. Im letzten Bohrloch verknotest du die Schnur. An der oberen Latte drehst du zwei Ringschrauben ein und ziehst eine Aufhängeschnur hindurch. Zum Weben hängst du deinen „Webrahmen" am besten auf. Damit die Kettfäden gespannt bleiben, kannst du die untere Latte mit Steinen beschweren.

Die Plastiktüten schneidest du in viele etwa gleich breite Streifen. Dann führst du den ersten Streifen im Wechsel über und unter den Kettfäden hindurch. Im Grunde webst du so, wie auf Seite 68/69 beschrieben. Allerdings hast du jetzt keinen Webkamm und kannst keine Fächer bilden. Ist ein Streifen zu Ende, knotest du einen neuen Streifen an. Die Knoten sollen alle auf der Rückseite deines Wandteppichs liegen. Wenn die ganze Fläche zwischen den Latten ausgefüllt ist, ist dein Wandteppich fertig.

Zum Weben brauchst du nicht unbedingt einen Webrahmen. Du kannst zum Beispiel über Pappe weben. Und du musst nicht zwangsläufig ein Rechteck weben. Die gewebte Fläche kann auch rund werden.

⊙ Für das Rundweben über Pappe schneidest du eine Pappscheibe zu, die 2 bis 3 cm größer ist, als die Webfläche werden soll. Am Rand machst du eine ungerade Anzahl von Einschnitten und in der Mitte der Scheibe ein Loch. Das Spannen der Kettfäden wird einfacher, wenn du die Einschnitte nummerierst. Dann führst du den Kettfaden von hinten nach vorne durch das Loch in der Scheibenmitte. Du legst ihn in Kerbe 1 und führst ihn über die Rückseite.

So errechnest du, in welche Kerbe du den Faden nun einlegen musst: Gesamtzahl der Kerben plus 3, geteilt durch 2. Hast du 19 Kerben, rechnest du folgendermaßen:
19 + 3 = 22
22 : 2 = 11
Also legst du den Faden von der 1 in die 11, dann von der 2 in die 12 …, bis alle Einschnitte belegt sind. Das Fadenende klebst du auf der Rückseite fest.

⊙
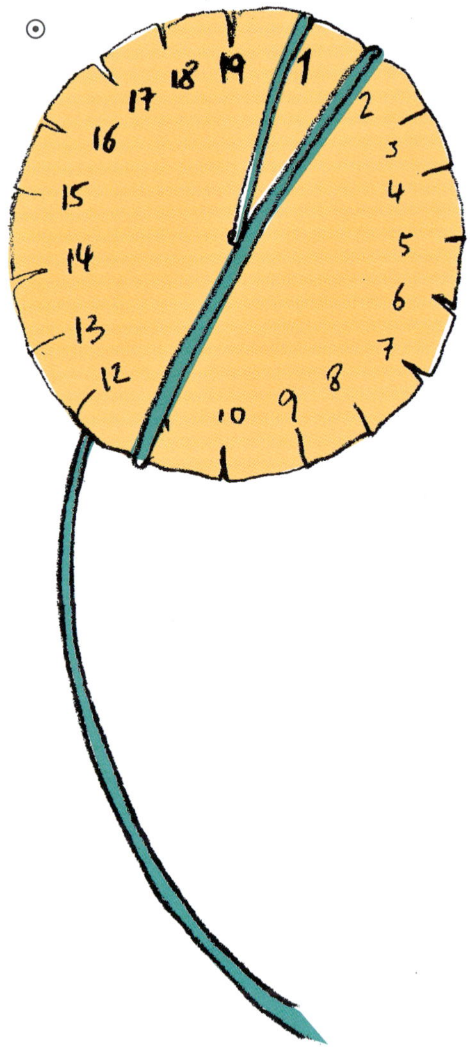

◆ Was jetzt folgt, kennst du schon. Du fädelst einen Schussfaden in eine Nadel. Dann führst du die Nadel immer im Wechsel über und unter einen Kettfaden. Weil du eine ungerade Zahl von Kettfäden hast, läuft der Schussfaden in der zweiten Runde automatisch versetzt zur ersten Runde. Natürlich nur, wenn du immer im Wechsel gewebt und keinen Faden ausgelassen hast.

Wenn dein Gewebe groß genug ist, schneidest du die Kettfäden auf der Rückseite am Mittelpunkt auf. Dann verknotest du je zwei bis drei Fäden nahe am Gewebe und schneidest die Fransen auf gleiche Länge.

◆

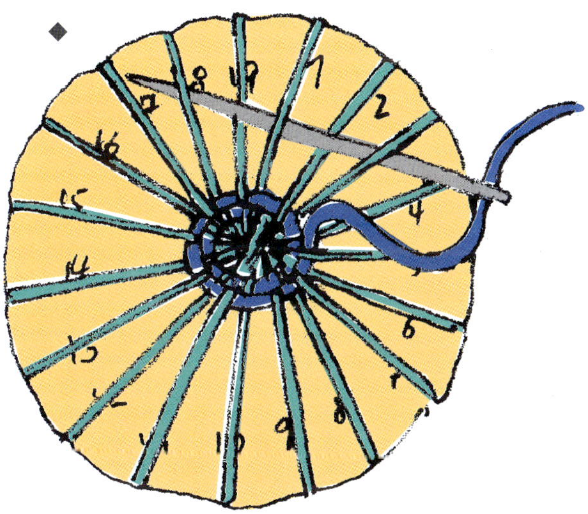

Bastkreise

MATERIAL
Papierband oder Bast
Pappe
Teller als Schablone
Bleistift
Schere
Stumpfe Sticknadel

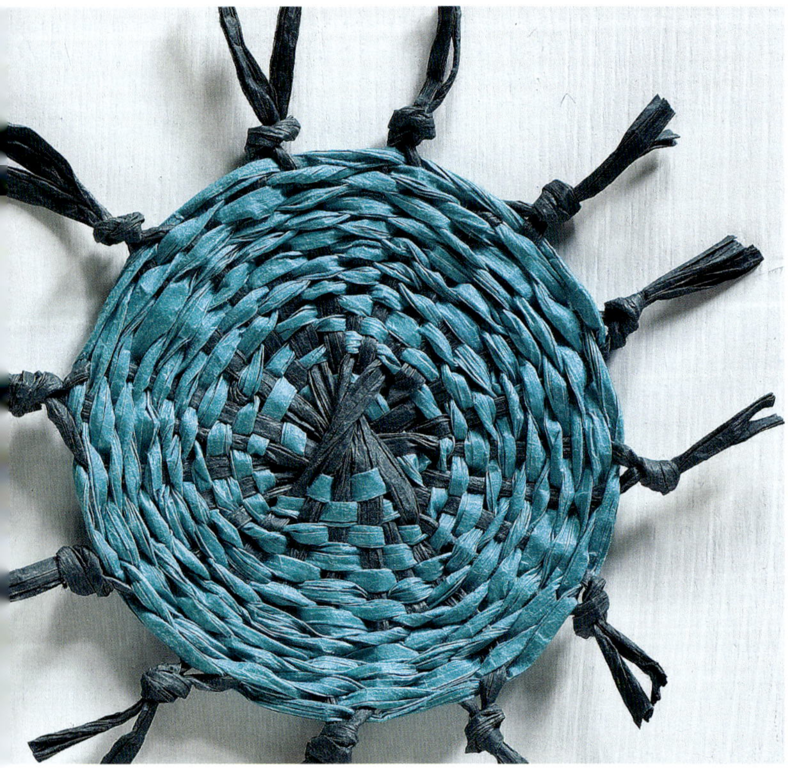

Du schneidest eine Pappscheibe zu und bespannst sie, wie auf den vorigen Seiten beschrieben. Dann webst du in Runden, bis deine Webfläche die richtige Größe hat. Verknote die aufgeschnittenen Kettfäden dicht am Gewebe und schneide die Fransen auf gleiche Länge.

Solche Bastkreise kannst du zum Beispiel als Untersetzer verwenden.

Täschchen

MATERIAL
Pappe
Zirkel oder Teller als Schablone
Bleistift
Schere
Bast oder Papierschnur
Stumpfe Sticknadel
Klebeband
Webrahmen

Auf Seite 74/75 steht, wie du runde Flächen weben kannst. Für das runde Täschchen webst du zwei Flächen in jeweils zwei Farben. Du legst die beiden Flächen aufeinander und verknotest die meisten Kettfäden der beiden Scheiben miteinander. Damit das Täschchen oben offen bleibt, verknotest du hier die Kettfäden jeder Scheibe separat.

Für das Puppenportemonnaie bespannst du deinen Webrahmen, wie auf Seite 68/69 erklärt. Dann webst du ein langes Rechteck. Ist dein Gewebe lang genug, löst du die Flügelschrauben am Webrahmen und hebst die Kettfäden aus den Kerben. Am besten verknotest du immer zwei Fäden dicht am Gewebe und schneidest die Enden zu Fransen.

Klappe das untere Drittel nach oben und nähe die Webkanten zusammen. Als Verschluss dient ein Knubbel aus mehreren Knoten, der auf der Vorderseite angeknotet und anschließend durch die Kettfäden der Portemonnaieklappe gesteckt wird.

KNÜPFEN

○ Willst du Fäden in Kettfäden einknüpfen wie beim Armband von Seite 82/83 kannst du den sogenannten Smyrnaknoten anwenden. Das ist ein Knoten, mit dem traditionell Teppiche geknüpft werden. Dafür legst du den Faden quer über die Kettfäden. Die Enden führst du rechts und links neben einem Kettfadenpaar nach unten und holst sie zwischen den beiden Kettfäden wieder nach oben. Dann ziehst du die Schlaufe fest. Die Fadenenden stehen senkrecht nach oben.

□ Freundschaftsbändchen kannst du mit Rippenknoten knüpfen. Am besten arbeitest du mit sechs gleich langen Fäden, deren Enden du nebeneinander mit Klebefilm an einem Tisch festklebst. Für den Rippenknoten nach rechts nimmst du den Faden ganz links zur Hand. Das ist dein Knüpffaden, mit dem du eine ganze Reihe knüpfst. Den Knüpffaden schlingst du von oben nach unten um den zweiten Faden (den Leitfaden), wie auf dem Foto zu sehen. Mache noch eine zweite Schlinge auf die gleiche Weise um den zweiten Faden. Erst durch die zweite Schlinge wird der Knoten fixiert. Dann gehst du zum dritten Faden über und schlingst den Knüpffaden wieder zweimal drum herum. So geht's weiter bis zum Reihenende. Dann wird der nächste Faden ganz links zum Knüpffaden.

⊙ Rippenknoten können nicht nur nach rechts, sondern auch nach links laufen. Für den Rippenknoten nach links beginnst du mit dem Faden, der ganz rechts liegt. Den schlingst du von oben nach unten um den nächsten Faden links daneben (siehe Foto). Du machst noch eine zweite Schlinge und gehst dann zum nächsten Faden über. Wenn du von der Mitte aus knüpfst und Rippenknoten nach rechts und nach links kombinierst, entstehen Bändchen mit Pfeilmuster.

◆ Knoten sind in der Schifffahrt sehr wichtig. Der hier gezeigte Knoten wird von den Seeleuten Affenfaust genannt. Er dient als Gewicht am Ende einer Wurfleine oder als Klemmsicherung. Du kannst die Affenfaust mit drei oder mehr Strängen arbeiten. Für eine dreisträngige Affenfaust wickelst du ein ca. 2,5 m langes Lederband dreimal um drei Finger deiner linken Hand. Du ziehst den mittleren Finger heraus und wickelst dreimal senkrecht um die vorherigen Umwicklungen. Dann wickelst du noch dreimal um die letzten Umwicklungen. Zum Schluss ziehst du die äußeren Schlaufen vorsichtig in den Knoten ein. Damit deine Affenfaust stabiler wird und eine gleichmäßige Form bekommt, kannst du eine Holzkugel oder einen Holzwürfel in den Knoten einlegen, bevor du die letzten drei Umwicklungen durchführst.

⊙

◆

ARMBAND

MATERIAL
Papierschnur
Webrahmen
Schere
Klebestift

Du bespannst deinen Webrahmen mit Kettfäden aus Papierschnur, wie auf Seite 68/69 beim Weben erklärt. Dann webst du zwei Reihen, bevor du eine Reihe mit Smyrnaknoten knüpfst. Wie das geht, steht auf Seite 80. Die eingeknüpften Fäden sollen etwa 20 cm lang sein. Du kannst Fäden in verschiedenen Farben einknüpfen, damit der Flor aus Knüpffäden schön bunt wird. Webe und knüpfe eine ganze Weile weiter. Dein Gewebe muss so lang werden, dass deine Hand durchpasst, wenn du es zum Ring schließt. Wenn es so weit ist, löst du die Kettfäden vom Rahmen. Du schließt das Gewebe zum Ring und verknotest die Kettfäden an beiden Enden miteinander. Wenn du diese Knoten verstecken willst, kannst du ein Stück Papierschnur zum Band aufdrehen. Dieses Band klebst du mit Klebestift über die Verbindungsstelle.

FLECHTSCHACHTEL

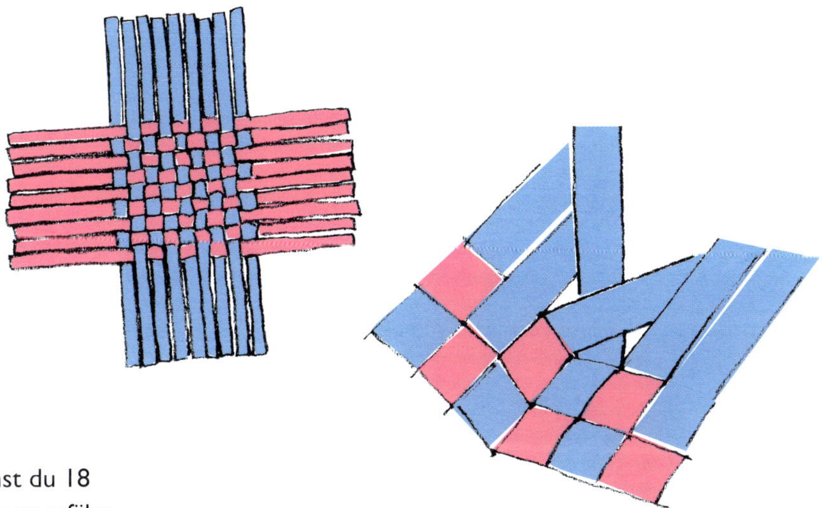

MATERIAL
Tonpapier
Schere oder Rollschneider
Bleistift
Lineal
Schneidematte
Wäscheklammern
Klebestift

Für diese Flechtschachtel brauchst du 18 gleich lange Tonpapierstreifen, die ungefähr 2 cm breit sind. Zuschneiden kannst du sie mit einer Schere oder einem Rollschneider auf einer Schneidematte. Du legst neun Streifen senkrecht nebeneinander. Dann werden die restlichen neun Streifen waagerecht eingeflochten. So entsteht eine Art Teppich aus vielen kleinen Quadraten.

Spannend wird's, wenn du die Seitenwände aufrichtest. Sie haben eine Höhe von je drei Streifen. Um die erste Ecke zu bilden, biegst du den dritten und den vierten Streifen im 90°-Winkel und legst sie rechtwinklig übereinander. Die Streifenenden werden dann wie bisher eingeflochten. Es geht immer im Wechsel „drunter und drüber".

Das machst du an allen vier Ecken, jeweils mit dem dritten und vierten Streifen von außen. Damit dein Geflecht nicht sofort wieder auseinanderfällt, kannst du die Flechtstreifen zuerst mit Wäscheklammern zusammenhalten, bevor du sie mit Klebestift zusammenklebst. Überstehende Streifenenden schneidest du mit der Schere ab.

FREUNDSCHAFTS-BÄNDCHEN

MATERIAL
Baumwollgarn
Schere
Klebefilm

Die Freundschaftsbänder knüpfst du mit Rippenknoten. Du kannst die Knoten diagonal nach rechts oder links arbeiten. Wenn du mit dem Knüpfen in der Mitte beginnst und Rippenknoten nach rechts und links knüpfst, entsteht das Pfeilmuster.

Pro Band schneidest du sechs Garnfäden mit einer Länge von ungefähr 1 m zu. Am Anfang lässt du etwa 20 cm Garn unbearbeitet. Dann knüpfst du so, wie auf Seite 80/81 erklärt.

Hat dein Band die gewünschte Länge, kannst du an den Enden aus je drei Fäden Zöpfe für den Verschluss flechten. Die Zöpfe verknotest du am unteren Ende.

Wie diese Seemannsknoten entstehen, erfährst du auf Seite 81.

RUNDGEFLECHTE

Rundgeflechte haben in Japan und Südamerika eine lange Tradition. In Japan gibt es Flechtstühle, an denen man die Rundgeflechte herstellt. Du kannst aber auch eine Pappscheibe wie für das Rundweben (siehe Seite 74) verwenden. Allerdings sollte die Scheibe eine gerade Anzahl von Kerben haben, zum Beispiel 16.

Am besten arbeitest du mit zwei Farben, beispielsweise mit Blau und Grün. Du schneidest je zwei Stränge aus blauer Papierschnur und zwei Stränge aus grüner Papierschnur zu. Die Stränge sollen ungefähr 80 cm lang sein. Dann bündelst du die Stränge, faltest sie einmal in der Mitte und fasst sie mit Garn zu einer Schlaufe zusammen. Nun hast du vier blaue und vier grüne Stränge. Die Schlaufe schiebst du durch das Loch in der Mitte deiner Pappscheibe.

◆ Die vier blauen Stränge verteilst du so auf deiner Flechtscheibe, dass sie fast senkrecht in zwei benachbarte Kerben oben und unten laufen. Die grünen Stränge laufen waagerecht über die Scheibe.

◆

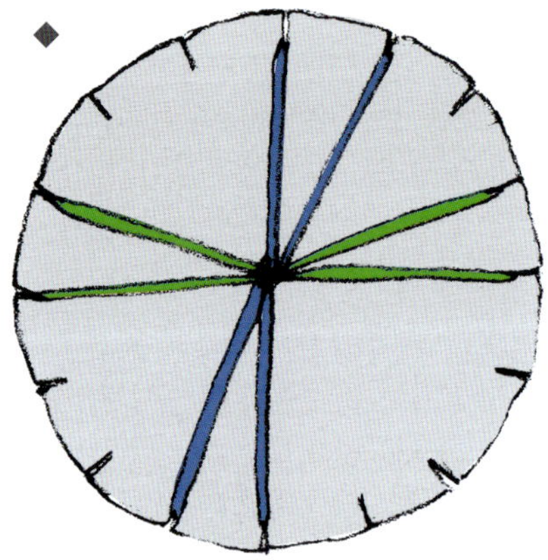

⊙

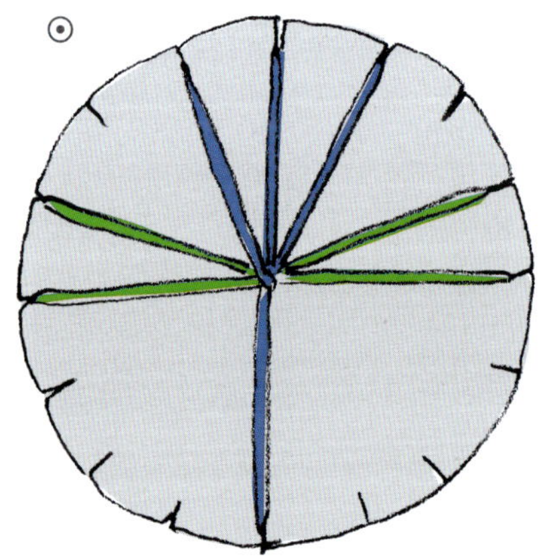

⊙ Mit der linken Hand hältst du die Schlaufe unter der Flechtscheibe fest. Mit der rechten Hand veränderst du nun die Position der Stränge. Du nimmst den blauen Strang unten links und legst ihn nach oben, links neben die beiden blauen Stränge.

✚ Dann nimmst du den blauen Strang oben rechts und legst ihn nach unten, rechts neben den übrig gebliebenen blauen Strang.

✖ Dann machst du mit deiner Scheibe eine Vierteldrehung im Uhrzeigersinn. Jetzt liegen die grünen Stränge senkrecht. Mit ihnen passiert das Gleiche wie mit den blauen Strängen. Wenn du eine Weile so weiterarbeitest, entsteht in der Mitte ein Rundgeflecht mit Spiralmuster.

✚

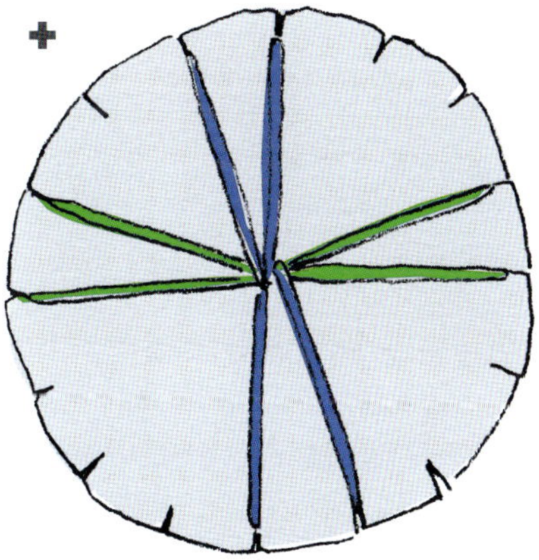

✖

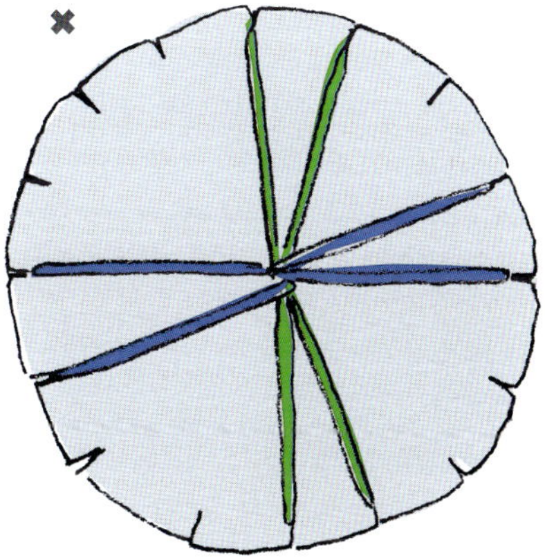

Armschmuck

MATERIAL
Papierschnur
Pappe
Teller als Schablone
Bleistift
Schere
Nähgarn

Du stellst eine Pappscheibe her und arbeitest nach der Anleitung von Seite 88 ein Rundgeflecht. Es muss so lang werden, dass du es einmal locker um deine Faust legen kannst. Hat es die richtige Länge, nimmst du die Stränge aus den Kerben und ziehst das Geflecht nach unten aus der Scheibe.

Dann kürzt du die Stränge mit der Schere und legst die beiden Enden des Geflechts übereinander. Wickle Nähgarn um die Enden und verknote es gut. Mit Papierschnur legst du eine Schlaufe über die Verbindungsstelle. Du umwickelst die Schlaufe mehrfach und ziehst das Schnurende durch die Schlaufe (siehe Zeichnung). Dann ziehst du an beiden Schnurenden, sodass die Schlaufe unter den Umwicklungen verschwindet. Schneide die Enden knapp ab.

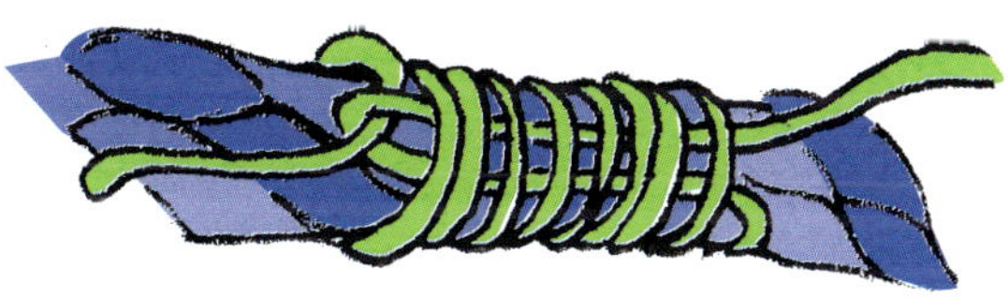

KORBFLECHTEN

Zum Korbflechten nimmt man oft Weiden oder Peddigrohr. Einfacher geht's mit Blumenbinde- oder Klingeldraht.

Du schneidest mit dem Seitenschneider acht Drahtstücke gleicher Länge zu. Das werden die Staken, also die Kettfäden deines Geflechts. Dann brauchst du noch ein Drahtstück, das nur halb so lang ist. Fasse je vier Drahtstücke zum Bündel zusammen und lege die beiden Bündel kreuzförmig übereinander. Das kurze Drahtstück legst du zum unteren Bündel.

⊙

⊙ Einen langen Draht nimmst du als Flechtfaden. Den führst du wie in der Zeichnung über vier, unter vier, über fünf (mit zusätzlichem kurzem Drahtstück) und unter vier Staken. So arbeitest du zwei Runden und dann noch einmal zwei Runden in Gegenrichtung. Jetzt sind alle Stakenbündel auf Vorder- und Rückseite durch den Flechtfaden gesichert.

✖

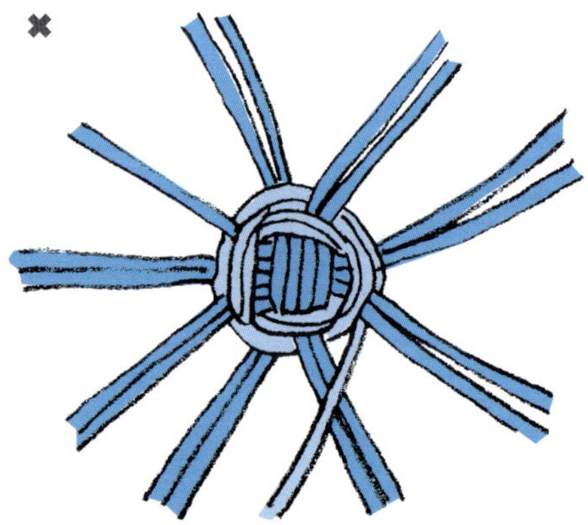

✖ Die Staken werden nun paarweise „aufgebrochen". Du führst den Flechtfaden also im Wechsel über und unter zwei Staken. Außerdem hast du noch eine einzelne Stake. Warum du die brauchst, kannst du dir schon denken: Beim Korbflechten benötigst du wie beim Weben in

Runden eine ungerade Zahl an Kettfäden, damit der Schussfaden von Runde zu Runde versetzt verläuft.

✚ Arbeite ein paar Runden und biege die Staken während des Flechtens nach oben. Möchtest du ein Körbchen, musst du stärker biegen, für eine Schale weniger stark. Wenn der Abstand zwischen den Staken sehr groß geworden ist, kannst du die Staken einzeln aufbrechen. Das heißt, der Flechtfaden läuft nun über oder unter einzelnen Staken.

Hat dein Korb oder deine Schale die richtige Höhe, schneidest du den Flechtfaden ab. Stecke ihn in das Geflecht der Korbwand hinein, um ihn zu sichern. Dann schneidest du die Stakenenden auf gleiche Länge und steckst sie jeweils neben den Nachbarstaken ins Geflecht. Du kannst die Enden auch nicht vollständig ins Geflecht einstecken, sondern als Bogenkante stehen lassen.

✚

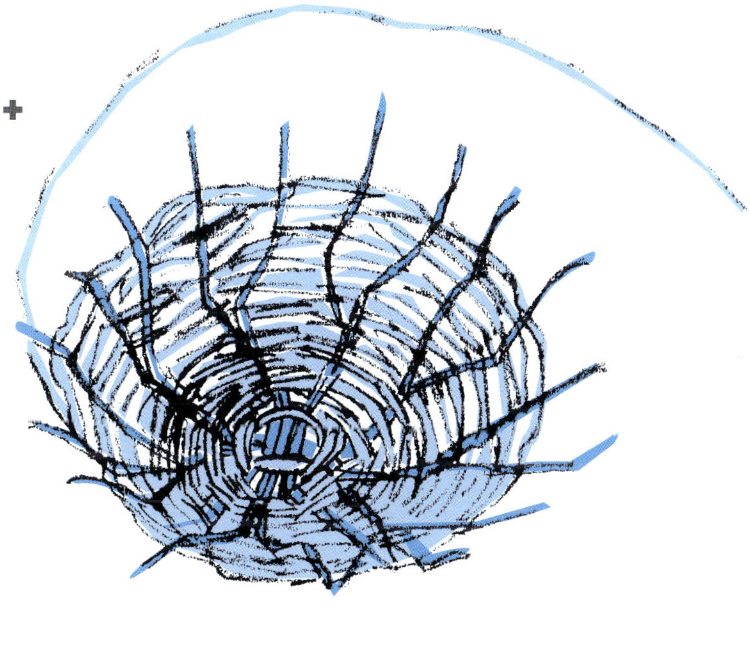

KÖRBE UND SCHALEN

MATERIAL
Klingeldraht
Seitenschneider
Stoffstreifen

Wie Schalen und Körbe aus Draht entstehen, wird auf den beiden vorigen Seiten erklärt. Als Flechtfaden kannst du auch Stoffstreifen verwenden. Dann brauchst du aber ein enges Stakengerüst aus sehr vielen Staken, die den Seitenwänden des Korbes Stabilität geben.

Für den Henkel fasst du auf beiden Korbseiten ein paar benachbarte Staken zum Bündel zusammen. Biege die beiden Drahtbündel nach innen und forme den Henkel. Die Drahtenden verdrillst du. Zum Schluss umwickelst du den Henkel mit Draht und/oder Stoff.

Körbchen: Zoe, 9 Jahre
Schalen: Max, 11 Jahre ▶

IMPRESSUM

Eva Hauck war einige Jahre als Lektorin mit Schwerpunkt Kreatives Gestalten in einem Publikumsverlag tätig. Heute arbeitet sie im eigenen Redaktionsbüro „der springende punkt" in Berlin als Autorin, freie Lektorin und Stylistin. www.derspringendepunkt.de

Claudia Huboi arbeitet in ihrem Büro „kreisrund" in Köln als Autorin, Redakteurin, Gestalterin und Illustratorin. Ihre Spezialgebiete sind Sachbuch, Schulbuch und Bildungsmaterialien für Kinder in den Bereichen Kreatives Gestalten, Umwelt und MINT. www.kreisrund-redaktion.de

Von beiden Autorinnen sind Im Haupt Verlag bereits mehrere Bücher erschienen.
Bei der Entstehung dieses Buches haben außerdem viele Kinder mitgewirkt, bei denen wir uns herzlich bedanken.

1. Auflage: 2024

ISBN 978-3-258-60293-6

Konzept, Projekte, Styling und Texte: Eva Hauck und Claudia Huboi
Fotos: Uli Staiger/die licht gestalten, Berlin
Umschlaggestaltung: Tanja Frey, Haupt Verlag
Gestaltung, Zeichnungen und Satz: Susanne Nöllgen/GrafikBüro, Berlin

Wir drucken mit mineralölfreien Farben und verwenden FSC®-zertifiziertes Papier. FSC® sichert die Nutzung der Wälder gemäß sozialen, ökonomischen und ökologischen Kriterien.
Gedruckt in der Tschechischen Republik

FSC www.fsc.org MIX Papier | Fördert gute Waldnutzung FSC® C010798

Diese Publikation ist in der Deutschen Nationalbibliografie verzeichnet.
Mehr Informationen dazu finden Sie unter http://dnb.dnb.de.

Der Haupt Verlag wird vom Bundesamt für Kultur für die Jahre 2021–2024 unterstützt.

© Shutterstock, Huza Studio

Möchtest du nichts mehr verpassen?

Folge uns auf unseren Social-Media-Kanälen und bleibe via Newsletter auf dem neuesten Stand.

www.haupt.ch/informiert

Wir verlegen mit Freude und großem Engagement unsere Bücher. Daher freuen wir uns immer über Anregungen zum Programm und schätzen Hinweise auf Fehler im Buch, sollten uns welche unterlaufen sein.

www.haupt.ch